NOTICE BIOGRAPHIQUE

SUR

SON EMINENCE THOMAS

GOUSSET

CARDINAL-ARCHEVÊQUE DE REIMS

PAR

M. H. FISQUET

PARIS

P. BRUNET, LIBRAIRE-EDITEUR

31, Rue Bonaparte, 31

NOTICE BIOGRAPHIQUE

SUR

SON ÉMINENCE THOMAS

GOUSSET

CARDINAL-ARCHEVÊQUE DE REIMS

NOTICE BIOGRAPHIQUE

SUR

SON EMINENCE THOMAS

GOUSSET

CARDINAL-ARCHEVÊQUE DE REIMS

PAR

M. H. FISQUET

PARIS

P. BRUNET, LIBRAIRE-EDITEUR

31, Rue Bonaparte, 31

NOTICE BIOGRAPHIQUE

SUR

SON ÉMINENCE THOMAS

GOUSSET

CARDINAL-ARCHEVÊQUE DE REIMS

Il a pris aussi les noms de *Marie-Joseph*. D'une famille pauvre et d'humble condition, mais bien riche de foi et de piété, il naquit, le 1er mai 1792, à Montigny-les-Cherlieux, village du canton de Vitrey, arrondissement de Vesoul (Haute-Saône), au diocèse de Besançon, et fut le huitième des treize enfants de Thomas Gousset, cultivateur, et de Marguerite Bournom, femme recommandable par une foi et par une charité vraiment patriarcales. Jusqu'à l'âge de dix-sept ans, il se livra avec son père aux rudes travaux de la campagne, et c'est alors seulement que, cédant à une vocation irrésistible, il se rendit, en 1809, à l'école du bourg d'Amance, où il commença ses études latines, sous la direction de M. l'abbé Brûlé, curé de la paroisse, et de son digne auxiliaire l'abbé Busson. Il s'était fait remarquer déjà par sa piété, mais il déploya dans ses classes tant de zèle et tant de capacité, qu'après deux ans et demi, il se présenta devant l'Académie universitaire de Besançon et reçut, aux applaudissements unanimes de ses examinateurs, le diplôme de Bachelier ès lettres.

Ces trois années d'étude, pendant lesquelles le jeune Gousset avait si rapidement suppléé à la nullité de sa première éducation, développèrent chez lui, à un plus haut degré encore, le goût des sciences théologiques et la vocation sacerdotale. Il satisfit cette inclination en entrant au grand séminaire de Besançon, dont il devint bientôt l'un des élèves les plus distingués. Son cours était à peine terminé qu'il fut chargé par ses supérieurs des conférences établies pour les plus faibles élèves. Thomas Gousset montra dans ces fonctions la savante méthode, la précision de pensées, l'exactitude de langage et la lucidité de démonstration qui firent le succès de ses quatorze années de professorat, et le mérite de ses ouvrages de théologie.

Le 22 juillet 1817, il reçut la prêtrise des mains de Mgr de Latil, alors évêque d'Amyclée *in partibus*, auquel il devait un jour succéder sur le siége métropolitain de Reims. Nommé aussitôt vicaire à Lure, tout en étant chargé de l'administration d'une paroisse voisine, il exerça neuf mois dans cette petite ville sa charité apostolique ; mais ses supérieurs ne l'y laissèrent point. Ils avaient hâte de confier au jeune prêtre une mission qui fût plus digne, non de son cœur, mais de ses talents. L'autorité ecclésiastique le rappela en 1818 à Besançon pour y professer la théologie morale au grand séminaire. M. Gousset occupa cette chaire pendant quatorze ans, et la ville de Besançon garde encore le souvenir des profondes et ingénieuses conférences qui signalèrent son professorat.

En 1830, S. E. Mgr de Rohan, dont M. Gousset avait su mériter l'estime et la confiance, et qui appréciait le mérite du savant professeur, lui donna le titre de vicaire-général, archidiacre de Luxeuil, qu'il conserva pendant l'administration capitulaire, et sous Mgrs Dubourg et Mathieu, c'est-à-dire, jusqu'à l'époque de son élévation à l'épiscopat. Il remplissait en même temps les fonctions d'official diocésain. Le diocèse de Besançon le considérait à bon droit comme l'une de ses plus hautes illustrations, quand une ordonnance royale du 6 octobre 1835 l'appela à l'évêché de Périgueux. Préconisé dans le consistoire du 1er février 1836, il fut sacré à Paris le 5 mars suivant dans l'église des Carmes par Mgr de Quélen, archevêque de Paris, assisté de Mgrs de Forbin-Janson, évêque de Nancy, et de Mazenod, évêque de Marseille. Le 18 du même mois, il fut installé dans son siége épiscopal.

A peine arrivé à Périgueux, le nouvel évêque appliqua tous ses soins à l'administration de son diocèse, où la division s'était introduite après la mort de M. de Lostanges, par suite de la nomination plus ou moins irrégulière d'un chanoine aux fonctions de vicaire capitulaire et que les principales autorités municipales et départementales voulaient avoir pour évêque. Deux partis s'étaient formés et, de part et d'autre, les choses avaient été poussées à l'extrême. Mgr Gousset, parfaitement instruit de la situation, agit avec tant de circonspection et de prudence que le choix qu'il fit de ses vicaires-généraux et des secrétaires de l'évêché satisfit tout le monde et ramena le calme. Il put dès lors s'occuper des besoins du clergé, des simples fidèles, des paroisses, des communautés religieuses et plus spécialement des séminaires.

Mgr Gousset apporta des réformes dans le petit séminaire de Bergerac, et fonda dans cette ville avec le concours du clergé et des fidèles un superbe édifice pour recevoir trois cents séminaristes, et à Périgueux même, un vaste couvent pour les dames institutrices de la Visitation. Sous ses auspices, le couvent des sœurs de Sainte-Claire, qui se livrent aussi à l'instruction des jeunes filles, fut embelli et obtint de notables accroissements. Des difficultés administratives retardaient, depuis 1829, la reprise des travaux du séminaire diocésain dont les fondements avaient été jetés à Périgueux, en 1826. Mgr Gousset parvint, à force de persévérance et de volonté, à faire lever ces difficultés, et obtint même du gouvernement les fonds nécessaires. La ville de Périgueux possède une fort belle cathédrale dédiée à Saint-Front, et l'une de ces rares églises de France exclusivement byzantines. Une comparaison rigoureuse entre les proportions, les dimensions, la configuration générale, les détails, les voûtes en coupole de Saint-Marc de Venise et de Saint-Front de Périgueux, prouve que celle-ci est la copie exacte de celle-là. La date de sa construction peut être fixée entre les années 1010 et 1047. Cette église avait été malheureusement traitée comme beaucoup d'autres en France, c'est-à-dire, avec barbarie. Entre les mains d'architectes ignorants et inhabiles, plusieurs de ses parties étaient d'une construction pauvre et grossière, le système général de son ornementation n'était nullement en rapport avec l'idée principale du monument, enfin des restaurations nouvelles et sans harmonie la faisaient ressembler à un château du moyen âge. Mgr Gousset fit démolir ces constructions disgracieuses et mit à jour ces majestueuses lignes de piliers aux cimes ogivales, à l'énorme base, qui forment, dans l'ordre harmonieux de leur disposition, une perspective fuyante, pleine de mystère, excellemment symbolique. La voûte fut dégagée, et les roses de la façade et des absides se revêtirent de leurs antiques vitraux où l'emblème se multiplie encore sous les capricieuses nuances des couleurs. Voulant rendre complète la restauration de sa cathédrale, le prélat fit réparer l'orgue, rétablit la maîtrise, et fit venir de Paris un élève de Choron, M. Dutheuil, qu'il nomma tout à la fois organiste et maître de chapelle. Sous l'habile direction de cet artiste, les enfants de chœur suivirent avec méthode et succès deux cours de musique et de chants religieux. Mgr Gousset établit dans le diocèse des retraites ecclésiastiques qu'il présidait en personne ; enfin, pendant les quatre années et demie que dura son administration, son zèle infatigable multiplia les fondations religieuses, sa charité ne connut point de bornes, et sa science éclairée dirigea son clergé dans la voie de l'enseignement chrétien, auquel il donna une impulsion aussi féconde que durable.

Appelé au siége métropolitain de Reims par ordonnance royale du 25 mai 1840, Mgr Gousset fut préconisé pour ce diocèse dans le consistoire du 13 juillet suivant ; et fut installé sollennellement à Reims le 26 août. Peu de jours auparavant, le 2 du même mois, il avait posé à Périgueux la première pierre du grand séminaire, au milieu d'une foule immense et des autorités locales qui lui firent leurs adieux et lui exprimèrent leurs regrets par l'organe de M. Romieu, préfet de la Dordogne. Aussitôt après son installation, Mgr Gousset déploya, dans son diocèse, toutes les ressources de son zèle intelligent et mesuré qui, sans blesser personne, atteint toujours son but. Les séminaires furent, comme à Périgueux, son œuvre de prédilection, et sous ses ordres, sous sa direction, on a vu reconstruire en entier le petit séminaire de Reims, restaurer et complétement agrandir les bâtiments du grand séminaire et ceux du petit séminaire de Charleville. Grâce à son impulsion, le gouvernement a autorisé l'érection de plus de soixante succursales, une caisse de retraites a été établie dans le diocèse pour les invalides du sacerdoce, ainsi qu'une maison de prêtres auxiliaires. Les œuvres entreprises par les autorités civiles dans des vues d'utilité publique ne sont pas plus restées étrangères au vénérable prélat que les œuvres religieuses. C'est ainsi qu'on lui doit la création du collége de Notre-Dame de Réthel, dont les magnifiques constructions ont été acquises et développées au nom de l'archevêché, une église sous le vocable de saint Thomas, bâtie en grande partie à ses frais, la restauration de la chapelle absidale de l'église métropolitaine, à laquelle il a contribué pour plus de 70,000 francs. Ses successeurs lui devront également la riche bibliothèque archiépiscopale, composée aujourd'hui de plus de seize mille volumes.

Nous n'avons pas à raconter tout le bien qu'il a encore opéré dans le diocèse de Reims, il nous suffira de dire que, le 2 octobre 1842, il bénit l'église de Saint-Remi, magnifiquement restaurée : que jusqu'au mois de septembre 1855, il a tenu quatre synodes diocésains ; que, le 28 juin 1853, il a fait à Verzy la translation des reliques de saint Bâle ; qu'il a aidé puissamment le mouvement de retour à la liturgie romaine et secondé partout les bonnes œuvres, aussi loin que son influence put s'étendre. En septembre 1858, il présida à l'inauguration de la statue élevée dans l'église paroissiale de Revin au célèbre théologien Billuart et était assisté dans cette intéressante cérémonie de NN. SS. Delalle, évêque de Rodez, Regnault, évêque de Chartres, et Bara, évêque de Médéah, coadjuteur de Châlons, prélats que l'Église de France doit à la terre des Ardennes. L'un des premiers prélats de France, Mgr Gousset, donnant l'exemple du retour à la discipline de l'Église, s'est conformé aux prescriptions canoniques concernant la liturgie romaine, et, en 1848, il l'a rétablie dans son diocèse. C'était là une mesure résolue dans sa pensée dès la réception d'un bref mémorable que lui adressa, en 1842, le pape Grégoire XVI et dont il prépara heureusement l'exécution par des conférences à son clergé. L'un des premiers métropolitains qui convoquèrent les conciles provinciaux, il présida le premier, à Soissons, du 30 septembre au 22 octobre 1849 ; le deuxième, à Amiens, du 10 au 20 janvier 1853, et le troisième à Reims même, du 18 au 25 novembre 1857. Dans toutes ces assemblées, dont les *Actes* ont été publiés, Mgr Gousset développa avec une grande clarté les principales questions de droit canonique.

L'illustre archevêque a fait plusieurs fois le voyage *ad limina Apostolorum*. En 1845, il s'y trouvait pour s'occuper de la béatification du vénérable Jean-Baptiste de la Salle, dont la cause l'intéressait spécialement puisque la ville de Reims se glorifie d'avoir vu naître, le 30 avril 1651, ce vénérable fondateur de l'Institut des écoles chrétiennes. Dans ce voyage, le pape Grégoire XVI le nomma comte romain, et assistant au trône pontifical. Il était au nombre des 21 prélats français qui prirent part à Rome à la proclamation solennelle du dogme de l'Immaculée Conception, le 8 décembre 1854. Enfin, en juin 1862, il se rendit, en dépit de certaines difficultés que personne n'ignore, et malgré les fatigues d'un pareil voyage entrepris dans un âge avancé, à l'invitation de Pie IX d'assister à la canonisation des martyrs du Japon, et signa l'adresse présentée au Souverain Pontife par les évêques venus de toutes les parties du monde pour prendre part à une importante manifestation en faveur du pouvoir temporel. Le 11 octobre 1858, Mgr Gousset reçut dans son église métropolitaine, puis dans son palais archiépiscopal, S. M. Napoléon III et l'Impératrice Eugénie à leur retour du camp de Châlons. Le discours qu'il adressa, en cette circonstance, à ses augustes hôtes a été inséré au *Moniteur* du 12 de ce mois. Ayant alors appris que le cardinal avait plusieurs fois réclamé le calice dit de saint Remi, qui était depuis longtemps au cabinet des médailles de la Bibliothèque impériale, l'Empereur, de retour à Paris, ordonna qu'il serait déposé de nouveau dans le trésor de l'église métropolitaine de Reims. Le jeudi 11 novembre suivant, assisté de Mgr Bara, évêque de Médéah, coadjuteur de Châlons, il procéda à la consécration d'une nouvelle église, de style gothique, construite à Tours-sur-Marne. Mgr Gousset ne crut pas devoir garder le silence en présence des doctrines subversives qu'une certaine école tente d'introduire parmi les catholiques de

France ; aussi, par un mandement du mois de juillet 1863, il a été le premier des évêques de France qui ait condamné solennellement le livre impie publié par M. Renan, sous le titre mensonger : *Vie de Jésus*. Par une lettre en date du 13 août 1863, S. S. Pie IX félicita le cardinal d'avoir interdit dans son diocèse la lecture *ejusdem detestabilis libri*.

Proclamé cardinal dans le consistoire du 30 septembre 1850, il reçut du Souverain Pontife le chapeau et le titre de saint Calixte dans celui du 10 avril 1851. La pourpre du prince de l'Église n'a été pour lui qu'un moyen de plus de répandre des bienfaits ou de rattacher les cœurs à la religion de son diocèse. Vers cette époque, il prêta l'appui de son autorité à la doctrine pédagogique de M. l'abbé Gaume, doctrine consistant dans l'exclusion des auteurs classiques jusqu'en quatrième, et à partir de cette classe, dans leur admission, mais avec une juste proportion, avec les écrivains ecclésiastiques. Beaucoup d'autres honneurs sont encore échus à l'illustre cardinal ; quoiqu'ils soient peu de chose au poids du sanctuaire, le biographe doit les mentionner. L'Académie de Besançon, en 1831, et plus tard celle de Reims, se sont fait un honneur d'appeler Mgr Gousset dans leur sein. Il fut nommé chevalier de la Légion d'honneur le 3 mai 1840, promu officier du même ordre le 1er octobre 1843, et commandeur le 16 juin 1856, lors du baptême de S. A. le Prince impérial. Son titre de cardinal lui a de droit donné l'entrée au Sénat. Depuis 1841, il est membre du comité historique des arts et monuments ; avant son élévation au siége épiscopal de Périgueux, il faisait partie de la commission de conservation de la bibliothèque et du musée de Besançon, et avait été adjoint par le ministère de l'instruction publique aux commissaires nommés pour l'impression et la publication des manuscrits du cardinal Antoine Perrenot de Granvelle.

Malgré les fatigues du professorat et les nombreux devoirs de la charge pastorale, Mgr Gousset a publié d'importants ouvrages de théologie et de controverse. La plupart sont reçus dans tous les séminaires et universellement estimés au point de vue de la science et de l'orthodoxie.

1° Une édition des *Conférences d'Angers* avec notes et dissertations, Besançon, 1823, 26 vol. in-12, édition réimprimée en 16 vol. in-8°.

2° *Exposition de la doctrine de l'Église sur le prêt à intérêt*, Besançon, 1824 et 1826, in-12, ouvrage consciencieux sur un sujet délicat, traité par l'auteur avec une grande sévérité de principes.

3° *Le Code commenté dans ses rapports avec la théologie morale ou explication du Code civil tant pour le for intérieur que pour le for extérieur*, Paris, 1827 et 1829, Besançon, 1834, in-18 et in-8°, réimprimé aussi plusieurs fois en Belgique. La première édition a paru sous le nom d'un *Professeur en théologie*, mais elle est beaucoup moins étendue.

4° Une édition des *Instructions sur le Rituel*, par M. Joly de Choin, évêque de Toulon, avec notes et commentaires considérables, Besançon, 1827, 6 vol. in-8°.

5° Une édition du *Dictionnaire de théologie* de Bergier, avec notes et dissertations, Besançon, 1828, 8 vol. in-8°.

6° *Justification de la théologie morale du bienheureux Liguori*, Besançon, 1832, in-8°, ouvrage traduit en italien. Ce livre souleva d'injustes critiques, et M. l'abbé Vermot, missionnaire de Beaupré, publia à cet égard, sous le voile de l'anonyme : *Lettres du curé de *** à M. G., vicaire-général*. M. Gousset fit alors paraître sous le titre de : *Lettres à M. le curé de *** sur la justification de la théologie morale du bienheureux Alphonse de Liguori*, Besançon et Paris, 1834, in-8°, une vigoureuse défense où l'on admira autant l'adresse et l'esprit que la solidité de la doctrine. L'ouvrage de Mgr Gousset avait été approuvé par le cardinal de Rohan, archevêque de Besançon. Il le fut plus tard par Mgr Dubourg, successeur de ce prélat, par le cardinal Placide Zurla, vicaire du pape, par le cardinal Oppizoni, archevêque de Bologne, et enfin par le pape Grégoire XVI lui-même.

7° *Lettre à M. l'abbé Blanc sur la communion des condamnés à mort*, 1835, in-8°, et Reims, 1844, in-4°. Dans cette lettre, Mgr Gousset établit qu'il est plus conforme à l'esprit de l'Église de donner que de refuser la communion aux condamnés à mort, quand ils donnent des signes non équivoques de pénitence, que l'usage contraire à la pratique reçue, partout ailleurs qu'en France, n'a plus de raison qui puisse le rendre légitime parmi nous. L'archevêque de Reims a obtenu ce qu'il désirait.

8° *Statuts synodaux du diocèse de Périgueux.*

9° *Compendium du Rituel* du même diocèse.

10° *Observations sur le projet de loi sur la liberté d'enseignement*, 1841, in-8°. Dans ce livre publié peu après sa nomination à l'archevêché de Reims, Mgr Gousset prouve et établit les droits de l'épiscopat, relativement à l'organisation et à la direction des écoles ecclésiastiques.

11° *Observations sur un Mémoire adressé à l'Épiscopat sous le titre :* Sur la situation présente de l'Église gallicane relativement au droit coutumier, Paris, 1852, 1 vol. in-8° de 7 feuilles. Le mémoire anonyme, combattu par Mgr Gousset dans cet opuscule, a été condamné par le concile provincial de Reims en 1852, et par un décret de la Sacrée Congrégation de l'Index du 26 avril de cette année.

12° *Théologie dogmatique* ou *Exposition des preuves et des dogmes de la religion catholique*, Paris, 1848, 2 vol. in-8°. Le premier volume de cet ouvrage, parvenu à sa douzième édition et généralement considéré comme un des meilleurs traités sur cette matière, comprend trois traités : 1° celui de l'*Écriture sainte et de la tradition*, où l'auteur établit l'autorité divine des livres sacrés et de la tradition contre les rationalistes et les hérétiques ; 2° celui de *la Religion* où il est parlé de la religion et de la révélation en général, de la révélation primitive, de la révélation mosaïque et de la révélation évangélique ; 3° celui de *l'Église*, où l'on fait connaître les caractères, les prérogatives, et les droits de l'Église de Jésus-Christ, c'est-à-dire de l'Église catholique romaine. Le deuxième volume contient quatre traités principaux : 1° celui *de Dieu*, où l'on explique ce qui a rapport à ses attributs, à la création du monde, aux anges, à l'homme et à la divine Providence ; 2° celui *de la Sainte-Trinité*, où l'on insiste principalement sur la divinité du Verbe ; 3° celui *de l'Incarnation*, où l'auteur montre que le Fils de Dieu s'est fait homme : 4° celui *de la Grâce*, et les traités sur les sacrements en général et en particulier, pour toutes les questions dogmatiques qui s'y rapportent, spécialement pour les dogmes de la présence réelle du corps de Jésus-Christ dans l'Eucharistie, et de la confession sacramentelle. Cet ouvrage a été traduit et imprimé en allemand, à Mayence, et il en existe au moins deux éditions en italien.

13° *Théologie morale à l'usage des curés et des confesseurs*, Paris, 1844, 2 vol. in-8°, qui ont eu douzes éditions successives, outre plusieurs éditions en Belgique. Le tome premier contient : les traités des actes humains, de la conscience, des lois, des péchés, des vertus et du Décalogue. Le tome deuxième contient : les traités des sacrements en général, du Baptême, de la Confirmation, de l'Eucharistie, de la Pénitence, de l'Extrême-Onction, de l'Ordre et du Mariage, des indulgences, des censures, des irrégularités, et de l'administration temporelle des paroisses. Il a été traduit en allemand à Schaffouse, à Aix-la-Chapelle et à

Mayence, et a eu en Italie trois éditions, dont une en latin et les deux autres en italien. Il avait d'abord été publié sous le titre de : *Compendium de la théologie morale à l'usage des curés et des confesseurs du diocèse de Reims*, Paris, 1844, 2 vol. in-12.

14° *La croyance générale et constante de l'Église touchant l'Immaculée Conception de la bienheureuse Vierge Marie, prouvée principalement par les constitutions et les actes des papes, par les lettres et les actes des évêques, par l'enseignement des Pères et des docteurs de tous les temps.* Paris, Lecoffre, 1855, in-8° de 840 pages. Véritable monument de la tradition catholique, ce livre renferme, outre tous les documents recueillis par les théologiens de Rome, à l'époque si solennelle pour l'Église où Pie IX promulgua le dogme sublime de l'Immaculée Conception de Marie, tous ceux qui existaient dans l'Église de France, particulièrement ceux qui se trouvaient épars dans les ouvrages liturgiques, les missels, les bréviaires, les rituels, etc.

15° *Exposition des principes de droit canonique*, Paris, 1859, in-8° de 700 pages.

Cet ouvrage, l'un des plus remarquables du cardinal Gousset, est une courageuse apologie de la vraie doctrine catholique sur la primauté du pape et les droits du Saint-Siége.

Sous les auspices de S. Ém. Mgr Gousset, l'Académie de Reims, dont il est le fondateur, a donné une traduction avec notes, en 2 vol. in-8°, de l'*Histoire de Reims* par Flodoard, l'un des monuments les plus anciens et les plus curieux de notre histoire.

Un recueil de documents authentiques de la plus grande importance pour l'étude de l'histoire ecclésiastique, non-seulement du diocèse, mais de toute l'ancienne province ecclésiastique de Reims, antérieurement à la séparation de l'archevêché de Cambrai, est celui qu'a publié Mgr Gousset. Ce recueil est intitulé : *Les Actes de la province ecclésiastique de Reims, ou canons et décrets des conciles, constitutions, statuts et lettres des évêques des différents diocèses qui dépendaient autrefois de la métropole de Reims,* publiés par Mgr Th. Gousset, archevêque de Reims, primat de la Gaule Belgique, Reims, 1842-1844, 4 vol. in-4°. Le tome Ier s'arrête à l'année 996, le IIe à l'année 1499, le IIIe à l'année 1620 et le IVe à l'année 1801.

On y trouve classés chronologiquement les actes des conciles, les capitulaires des rois, les statuts des synodes, les assemblées capitulaires, les constitutions, règlements, instructions, lettres intéressant l'histoire ecclésiastique et les différentes juridictions de l'Église; en un mot, tous les titres émanés de l'autorité de l'archevêque et de ses suffragants depuis le ve siècle jusqu'à la fin du xviiie. Ce sont les pièces justificatives de l'administration ecclésiastique de la province, disséminées antérieurement dans les collections générales des conciles et dans beaucoup de recueils particuliers. On y trouve en outre plusieurs synodes inédits et les chartes de fondation des principaux établissements religieux. L'histoire des événements y est toutefois restée étrangère.

16° *Du droit de l'Église touchant la possession des biens destinés au culte et la souveraineté temporelle du Pape*, Paris, Lecoffre, 1862, in-8° de 358 pages. C'est la grande voix de la tradition proclamant la nécessité du pouvoir temporel des papes. L'illustre cardinal y a rassemblé tous les principaux témoignages émanés des Pères, des conciles et des Souverains Pontifes.

17° *Statuts synodaux du diocèse de Reims,* Reims, 1850, 1854, 1858, in-8°. Ces statuts sont le développement pratique des trois conciles provinciaux tenus par l'archevêque de Reims en 1850, 1853 et 1857.

18° *Mandements, Lettres et Instructions pastorales sur la religion, l'Église, le Saint-Siége, la souveraineté temporelle des papes*, etc. Ils forment un volume in-4° de près de 700 pages.

Comme on le voit, le glorieux héritage que l'Église de France a reçu de ses anciens Pontifes, loin de périr entre les mains des pasteurs qui la gouvernent aujourd'hui, ainsi que ne cessent de le dire les détracteurs du clergé, ne fait que s'agrandir et recevoir chaque jour un nouveau lustre de l'admirable attitude, du zèle et des lumières de l'épiscopat de notre époque. Au milieu des difficultés de toute nature où nos vénérables évêques se sont trouvés placés, depuis le commencement de ce siècle, aucun danger n'a échappé à leur vigilance pastorale, aucune atteinte aux droits de l'Église n'a intimidé leur courage, aucun écueil n'a trouvé leur sagesse en défaut. Attaques du dehors, ennemis du dedans, dangers pour la foi des générations naissantes, périls pour la paix et l'union du clergé, le zèle éclairé de nos évêques, de S. Ém. le cardinal Gousset notamment, a signalé, repoussé, combattu, toujours dans les limites de la prudence, tout ce qui menaçait le dépôt de la foi, des mœurs et de la discipline ecclésiastique.

S. É. le cardinal Gousset a pour armoiries : *de gueules à la gerbe de blé d'or, au chef cousu d'azur, chargé de trois croisettes alaisées d'argent* ; et pour devise : *Quæ seminaverit homo hæc et metet.*

H. FISQUET.

PARIS. — IMP. V. GOUPY ET Cᵉ, RUE GARANCIÈRE, 5.

PARIS. — IMPRIMERIE DE V. GOUPY ET Cⁱᵉ, RUE GARANCIÈRE, 5.

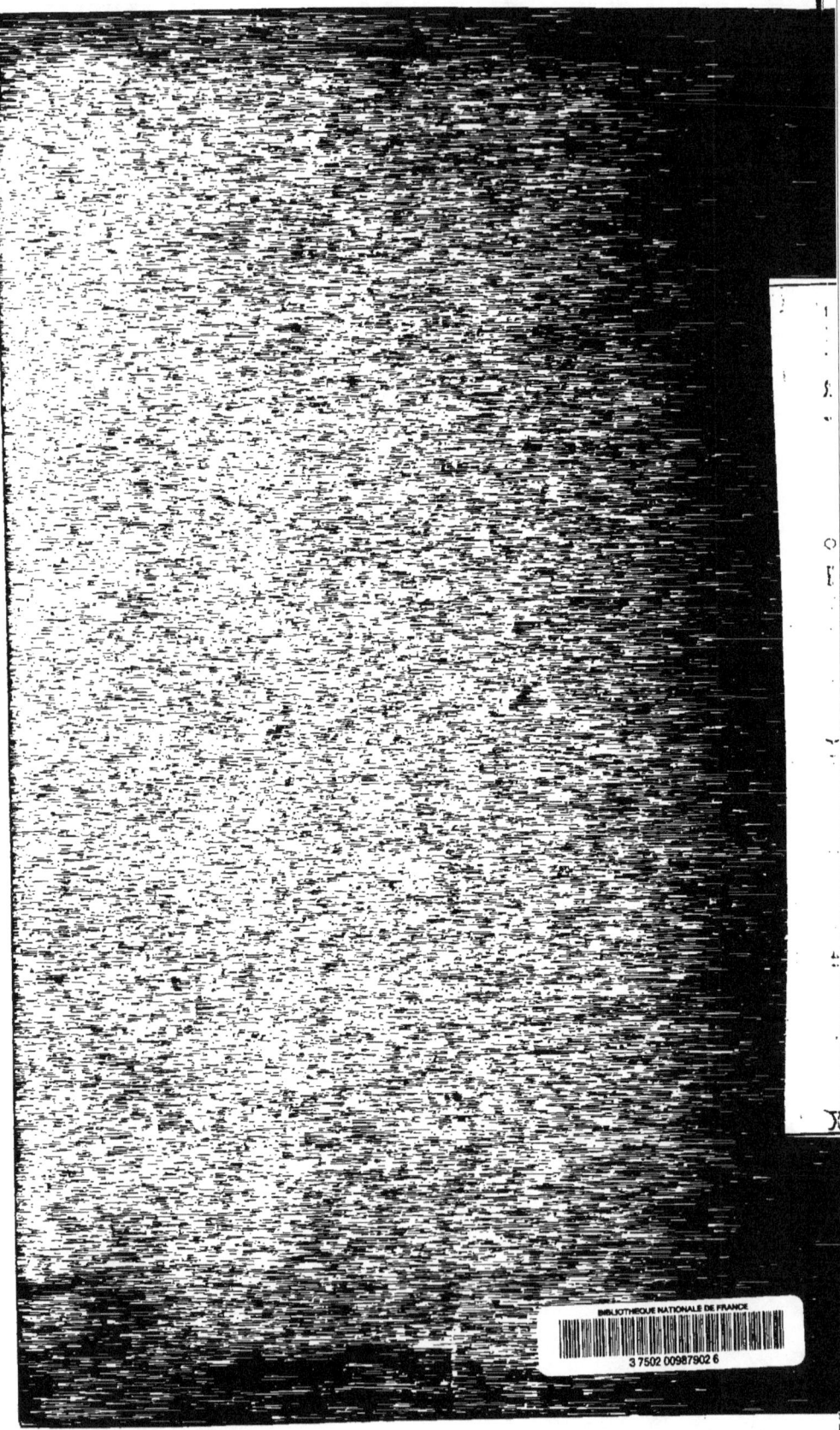

www.ingramcontent.com/pod-product-compliance
Lightning Source LLC
Chambersburg PA
CBHW060914050426
42453CB00010B/1712